対訳でたのしむ

殺生石

せっしょうせき

檜書店

目次

凡例

一、下段の謡本文及び舞台図（松野奏風筆）は観世流大成版によった。
一、下段の大成版本文は、横道萬里雄氏の小段理論に従って、段・小段・節・句に分けた。それらはほぼ上段の対訳部分と対応するように配置した。
一、小段名は舞事などを含む囃子事は〔　〕で、謡事は［　］で括り示した。
一、対訳本文の段は算用数字の通し番号で示して改行し、はじめにその段全体の要約と舞台展開、観世流とその他の流派との主な本文異同を中心に説明を付した。

殺生石（せっしょうせき）

——竹本幹夫

〈殺生石〉（せっしょうせき）

玄翁《げんのう》（源翁《げんのう》心昭《しんしょう》・能照なども。一三二九—一四〇〇）道人（ドウニンと読むのが古形・ワキ）が能力（アイ）を伴い、奥州（会津）より上洛の途次、下野国《しもつけのくに》（現栃木県）那須野《なすの》の原に着く。能力《のうりき》は飛ぶ鳥が次々に大石に落下するのを見付け驚愕する。玄翁が石の方に歩みを進めると、里女（前シテ）が現れ、問われて、近づく者の命を奪う殺生石であると教え、知らずに近付いた僧達の無謀を嗤《わら》う。驚いた玄翁が殺生石の由来を尋ねると、女は、鳥羽院（嘉承《かしょう》二年〔一一〇七〕五歳で即位、保安《ほあん》四年〔一一二三〕崇徳《すとく》天皇に譲位、大《だい》治《じ》四年〔一一二九〕より二十八年間にわたり院政を行う）の上童《うえわらわ》（禁中奉仕の少女）玉藻《たまも》の前の執心が石になったと告げる。都人玉藻の遺跡が下野にあることになおも不審する玄翁に、女は正体不明の美貌の才媛《さいえん》・玉藻の宮中での出世と怪異、調伏《ちょうぶく》による那須野への飛来、落命と殺生石となった次第を述べ、自らがその石魂《せきこん》で、夜には本体を現わそうと石に隠れる。（中入）能力に語らせた物語と女の言葉との符合に事情を理解した玄翁は、夜通し石の前で仏事を行う。引導を渡された殺生石は二つに割れ、中から野干《やかん》の精である石魂（後シテ・男体）が現れる。石魂は自らの来歴、帝の御代を傾けようとした企てが破れて退散したこと、那須野に飛行の後、野干の身を狩り出され退治された有様を述べ、改心を誓って姿を消す。

《この能の魅力》

下野国那須野の殺生石は、現栃木県那須郡那須町那須湯本温泉付近に現存する。芭蕉が『奥の細道』で、犬追物の跡、玉藻の古墳、殺生石と歴遊しているように、古来の名勝で、その由来は本曲の内容とほぼ重なる。最近自然に割れてしまったが、いまだに硫化水素を発生させ、危険性には変わりがない。ワキ玄翁は会津の曹洞宗示現寺から上洛の途次、殺生石に立ち寄った。

名勝としての人気もあってか、〈殺生石〉は能としても五流を通じ江戸時代以前からの人気曲で、幕府に提出する書上《かきあげ》の正式上演演目からも漏れたことはなかった。作品のこのような「安定性」を反映して、流儀間の本文異同も少ない。

本曲の典拠となる説話要素は、南北朝末期から室町前期の間にはすでに巷間《こうかん》に流布していたとされ、絵巻物により、さらに人口に膾炙《かいしゃ》したらしい。その代表たる『玉藻の草子』の一本には、表現の細部までが本曲と部分的に一致する詞書《ことばがき》を持つものがあり、これが能〈殺生石〉に直接影響を与えたかと考えられている。ただしこれは本曲の創造性を否定するものではない。物語に段構造を与え、小段ごとに作曲するのは能作者の独創であり、魅力の根元もそこにある。

玄翁登場の直後に、従者の能力が飛鳥の落下を見て驚愕の声を揚げ、不審して近づく玄翁に、突如現れた里女が手厳しい警告の言葉を発する。驚く玄翁に向かい、荒涼とした那須野の原の秋景色を背景に、女は玉藻の前の物語を語る。この畳み掛けるような切迫した構成は、一般の夢幻能構造を踏まえながらも本曲独自である。クセの不気味ながら美しい宮中の怪異の描写、後場の、安倍泰成による玉藻調伏から三浦介・上総介の野干追跡・捕殺にいたる、躍動感溢れる描写は、いずれも他の追随を許さぬものがある。世阿弥作〈鵺〉のように、妖怪の悲哀を描く深みはないが、迫真の謡と躍動の所作が一体となった面白さは格別である。

【作者】『能本作者注文』に作者不明。『自家伝抄』に佐阿弥作とあるが根拠不明。文亀三年（一五〇三）九月十九日室町殿での観世所演が演能記録の初出（『実隆公記』）。

【題材】室町前期の史書『神明鏡』に玉藻説話が見え、永享元年（一四二九）成立と伝える『源翁能照大和尚行状之記』に本曲とほぼ同文の漢文説話が見える。『下学集』にも犬追物の起源説話として見える。直接には絵巻物『玉藻の草子』に基づくとされる。

【場面】

前場　殺生石の付近。秋。

後場　同所。夜間。

【登場人物】

前シテ　里女・化身（面は増《ぞう》。若女、小面《こおもて》等にも）

後シテ　野干の精の石魂（面は小《こ》飛出《とびで》。野干《やかん》等にも）

ワキ　玄翁道人

アイ　能力。玄翁の従者で召使

1

幕が上がり、二人の後見が一畳台を運び橋掛りを通って舞台に入り、大小前にそれを据え、その上に大きな石の作り物を載せる。

玄翁・従者の登場　〔次第〕の囃子で、沙門《しゃもん》帽子に水衣《みずごろも》・大口《おおくち》姿の玄翁道人（ワキ）が、能力《のうりき》頭巾《ずきん》に縷《より》水衣・括り袴の能力姿の従者（アイ）に払子《ほっす》を持たせ、橋掛りから登場する。常座に立ち、〔次第〕の謡を謡い、自己紹介の〔名ノリ〕に続いて、奥州から上洛の途次、下野国（栃木県）那須野の原に着いたことを述べる。

ワキ〔名ノリ〕には下掛《しもがか》り諸流で「終に払子を」が「虚空に払子を」とあるなど、小異がある。また下掛り宝生流をはじめ諸流では、道行（〔上ゲ歌〕）の後に「急（ぎ）候程に、是は早なすのの原に着て候」と〔着キゼリフ〕が入る。

〔次第〕

〔次第〕大鼓・小鼓と笛のアシライによる、ゆったりとしたリズムの登場楽。

玄翁　空に浮かぶ雲、流れる水のような自由な境涯だから、あてどのない憂き世の旅に身を任せるのだ。浮雲流水の誘いに任せてあてどない旅に出掛けよう。

玄翁　私は玄翁という仏道修行者である。私は悟りを求めて修行の場に居を定め、わが宗旨の奥義を悟るに至り、ついに布教のために世間において人々を導くこととなった。今までは奥州に滞在していたが、上洛して冬三ヶ月間の籠居《ろうきょ》修行を致すことにした。

玄翁　浮雲流水のようにはかないこの身は、この世に定まった居所があるわけではない。この身を永遠に定住させるところなどないこの無常の世は、あてどない旅にさまよい歩く。そのようなわが身の心の奥底にある成仏の種のありかを知ろうと奥州白河の関を出て。

融けることなく霜がびっしりと置いている、下野の那須野の原にようやく着いた。那須野の原にようやく着いた。

［次第］
ワキ〽心《ココロ》を誘《サソ》ふ《オ》雲水《クモミヅ》の、心を誘ふ《オ》雲水の、浮世《ウキヨ》の旅《タビ》に出《イ》で《ジョ》う《オ》よ。

［名ノリ］
ワキ〽これは玄翁《ゲンノオ》と云《イ》へ《エ》る道《ドオ》人《ニン》なり、我《ワレ》智識《チシキ》の床《ユカ》を立《タ》ち去《サ》らず、一大事《イチダイジ》を歎《ナゲ》き一見《イッケン》所《ショ》を開《ヒラ》き、終《ツイ》に仏子《ホッス》をうち振《フ》つて世上《セジョオ》に眼《マナコ》をさらす、この程《ホド》は奥州《オオシウ》に候《ソオラ》ひ《イ》しが、都《ミヤコ》に上《ノボ》り冬夏《トオゲ》をも結《ムス》ばばやと思ひ《イ》候

［上ゲ歌］
ワキ〽雲水《クモミヅ》の、身《ミ》は何処《イヅク》とも定《サダ》めなき、身は何処とも定めなき、浮世《ウキヨ》の旅に迷《マヨ》ひ《イ》行《ユ》く、心《ココロ》の奥を白河《シラカワ》の。結び籠《コ》めたる下野《シモツケ》や、那須《ナス》野《ノ》の原に着きにけり、那須野の原に着きにけり。

○狂言セリフ及ビ
ワキトノ問答アリ

2

従者と玄翁の問答　従者（アイ）が空を見上げて「ありやありや落つるは落つるは」などと大声を上げるので、玄翁（ワキ）が「何事を申すぞ」と問うと、従者は石の作り物を指して「さん候、あの石の上へ鳥がふらふらおちてむなしくなりて候」などという（以上、金春流謡本による）ので、玄翁も不審に思い、石に近付こうとする。

この応対は狂言の流派により小異がある。謡本には表記されないことが多い。

3

女の登場と玄翁との応対　玄翁（ワキ）が大石に近付こうとすると、里の女（前シテ）が幕から呼び掛けながら登場する。女は玄翁に殺生石の危険を説きつつ舞台に入り、常座《じょうざ》に立って玄翁と言葉を交わす。さらに周囲の荒涼たる秋景色を見渡す様子で、［上ゲ歌］の間に舞台を一巡する。

ここも流派により小異があるが、観世・金春以外は［掛ケ合］の「謂はれを知らぬ事あらじ」が「誠を知らぬ……」、観世以外は「天離る（アマザカル）」が「アマサガル」、［上ゲ歌］の「物すさましき」が「スサマジキ」となる。また［掛ケ合］の「悪念の」は金春・金剛は「悪念を」とするがこれが本来で、観世ほかは連声をそのまま文字化したもの。同様の例が本曲には複数あり、以下断らない。シテの呼び掛けの直後に狂言が言葉を挟む場合もある。

女　もうし、その石の近くにお立ち寄りになってはいけません。

玄翁　いったいこの石の近くに近付いてはならぬという理由があるのですか。

女　それは那須野の殺生石といって、人間はもちろんのこと、鳥・獣《けだもの》までも、触れただけで命を落としてしまいます。こんなに恐ろしい殺生石とも、ご存じなくてお坊様は、ご自分の方から近

［問答］

シテ〽なう《ノオ》その石の辺《ホトリ》へ《エ》な立《タ》ち寄《ヨ》らせ給ひ《イ》そ

ワキ〽そもこの石の辺《ホトリ》へ《エ》寄《ヨ》るまじき謂《イ》は《ワ》れの候か

シテ〽それは那須野《ナスノ》の殺生石とて、人間は《ナ》申すに及ばず、鳥類畜類《チョオルヰチクルヰ》までもさは《ワ》るに命《イノチ》なし、かく恐《オソ》ろしき殺生石とも、知《シ》ろし召されでお僧達《ソオタチ》は、求《モト》め給へ《エ》る命《イノチ》か

玄翁　寄って命を捨てようとなさる。そこからお離れなさいませ。

玄翁　それにしてもこの石は、どうしてそんなふうに殺生をするのだろう。

女　昔、鳥羽院の御所で年若き召使として仕えておりました、玉藻の前とおっしゃった人の、執心が石となったのです。

玄翁　不思議なことよ玉藻の前は、宮中でお仕えしていた身なのに、このような遠い国にその魂を、留めるに至ったのは何故であろう。

女　それも理由があるからこそ、昔から言い伝えているのでしょう。

玄翁　あなたの様子や言葉の端々からは、詳しい事情をご存じないことはあるまい。

女　いいえ詳しい事はどうして知っていましょうか、

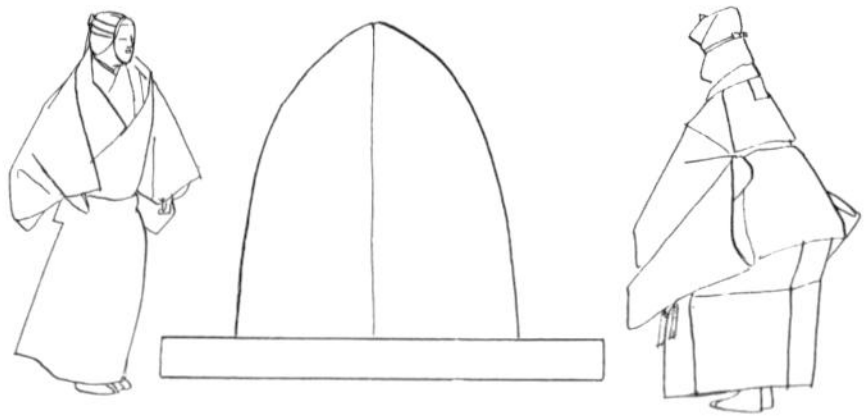

な、其処《ソコ》立《タ》ち退《ノ》き給へ《エ》

ワキ〽さてこの石は何故《ナニユヱ》かく殺生をば致すやらん

シテ〽昔鳥羽《トバ》の院《ヰン》の上童《ウエワラワ》に、玉《タマ》藻《モ》の前《マエ》と申しし人の、執心《シウシン》の石となりたるなり

[掛ケ合]

ワキ〽不思議《フシギ》なりとよ玉藻《タマモ》の前《マエ》は、殿上《テンジョオ》の交《マジワ》はりたりし身《ミ》の、この遠国《ヲンゴク》に魂《タマシイ》を、留《トド》め し事《コト》は何故《ナニユヱ》ぞ、

シテ〽それも謂《イ》は《ワ》れのあればこそ、昔より申し習《ナラ》は《ワ》すらめ、

ワキ〽御身《オンミ》の風情言葉《フゼイコトバ》の末《スヱ》、謂《イ》は《ワ》れを知《シ》らぬ事《コト》あらじ、

シテ〽いや委《クワ》しくはいさ白露《シラツユ》の玉藻の前と、

存じませんよ。白露の玉のように美しくはかなかった玉藻の前の評判を、

玄翁　聞いたその昔は都住まいのはずなのに、

女　いまこうしてその魂は都から空遠く離れた

玄翁　田舎に残ってその害意を、

女　なおも発揮してこの那須野の原で

玄翁　往来する人に

女　災いを今も

地　なす、この那須野の原に立つ石が、那須野の原に立つ石が、苔の下に埋もれたその後までも、ずっと執心を残したまま、吹き倒されてはまた元に戻る草のようにこの野で今も昔の悪事を繰り返す。吹きすさぶ秋風の中で、梟が物寂しい松や桂の

ワキ〽聞《キ》きし昔は都《ミヤコ》住《ズ》まひ《イ》、

シテ〽今魂《イマタマシイ》は天離《アマザカ》る、

ワキ〽鄙《ヒナ》に残《ノコ》りて悪念《アクネン》の、

シテ〽なほ《オ》も現《アラワ》すこの野辺《ノベ》の、

ワキ〽往来《ユキキ》の人に

シテ〽仇《アタ》を今《イマ》

［上ゲ歌］

地〽那須野の原に立《タ》つ石の、那須野の原に立つ石の、苔《コケ》に朽《ク》ちにし跡《アト》までも、執心《シウシン》を《ノ》残《ノコ》し来《キ》て、また立ち帰る草《クサ》の原。物《モノ》すさましき秋風《アキカゼ》の、梟《フクロオ》

古木で連れ立って啼《な》き、狐が咲き乱れた野菊の陰に隠れ棲んでいるような、この荒れ果てた野原の、ちょうど時も時、荒涼とした秋の夕暮れよ。

4

女の物語　女（シテ）は舞台正中《しょうなか》に座り、話を続けて、出自不明の玉藻の前が、才覚により宮中で出世を遂げ、鳥羽院の寵愛《ちょうあい》を賜ったこと、管弦の遊びの夜に起こった怪異と鳥羽院の不例、陰陽師に正体を顕《あらわ》されて宮中を退散し、ついには那須野の原の露と消えた次第を語る。

なお下掛り宝生流はこの段の冒頭に［誘イゼリフ］として「猶々玉藻の前の御事、懇《ねんご》ろに御物語候へ」がある。観世以外のシテ方諸流も多くは謡本に同様のセリフを記す。［クリ］［サシ］［クセ］の本文には流派により、また観世独自の、小異があるが、すべて省略する。

地

いったいこの玉藻の前という人は、生まれも宮中への出仕の事情もあやふやで、どこの誰とも

松桂《ショオケイ》の、枝《エダ》に鳴《ナ》きつれ狐《キツネ》、蘭菊《ランギク》の花に隠《カク》れ棲《ス》む、この原の時しも、物凄《モノスゴ》き秋の夕《イウ》べかな。

［クリ］

地〽そもそもこの玉藻の前と申すは、出生《シュッショオ》出世《シュッセ》定まら

わからぬような、宮人であったのだが

女　さて美貌に磨きをかけて、

地　容姿がきわめて美しかったので、鳥羽院のお覚え浅からぬものがあった。

女　ある時、玉藻の前の学才をお許りになったことがあったが、一つとして問いに言いよどむことがなかった。

地　仏教や儒教の聖典を初めとして日本・中国の古典籍についての学識、漢詩・和歌・音楽の専門知識に至るまで、何を質問しても明快に回答したのであった。

女　心の底まで曇りない英知の持ち主だというので、

地　何一つ欠けたところなく美しい、玉藻の前と呼ばせられるようになったのである。

ずして、何処《イヅク》の誰《タレ》とも白雲《シラクモ》の、上人《ウエビト》たりし身《ミ》なりしに。

［サシ］

シテ〽然《シカ》れば好色《コオショク》を事《コト》とし、

地〽容顔美麗《ヨオガンビレイ》なりしかば、帝《ミカド》の叡慮浅《エイリョアサ》からず、

シテ〽ある時玉藻の前が智慧《チヱ》を計《ハカ》り給ふ《オ》に、一事滞《イチジトドコオ》る事《コト》なし、

地〽経論聖教《キョオロンショオギョオ》和漢《ワカン》の才《サイ》、詩《シイ》歌管絃《カクワゲン》に至るまで、問ふ《トオ》に答《コタエ》への暗《クラ》からず、

シテ〽心底曇《シンテイクモ》りなければとて、

地〽玉藻の前とぞ召されける。

地　ある時鳥羽院には、常の御座所である清涼殿に出御された。殿上人の中でもその道に達した者ばかりを召し集められて、音楽の御会を催されたのだが、ちょうど季節は晩秋で、月の出にはまだ時間があるまっくらな夜空を見上げると、強風に吹かれた雲の様子はすさまじいばかり、雨交じりに吹き付ける風に、御殿の照明は吹き消されてしまった。

殿上人らは大騒ぎになって、松明《たいまつ》を早く灯せと急がせたのだが、その時、玉藻の前の体から光を発して、清涼殿をくまなく照らしたので、その光は宮中に満ち溢れた。荒海・昆明池を描いた障子や萩を描いた妻戸など、宮中の名品はいずれも闇夜の錦さながらに、まったくその美景を暗黒の中に沈めていたのだが、玉藻の発する光に耀《かがや》いて、まるで明るい月に照らされたかのようであった。

女　鳥羽院はそれ以来、御不例とならせられたので、

地　陰陽師安倍泰成《あべのやすなり》が占って、その報告書にいわく、

［クセ］

地〽ある時帝《ミカド》は、清涼殿《セイリョオデン》に御《ギョ》
出《シュツ》なり、月卿雲客《ゲッケイウンカク》の、堪能《カンノオ》
なるを召し集め、管絃《クワゲン》の御《ギョ》
遊《イウ》ありしに、頃《コロ》は秋《アキ》の末、
月まだ遅《オソ》き宵《ヨイ》の空《ソラ》の、雲《クモ》の
気色《ケシキ》すさましく、うちしぐ
れ吹《フ》く風《カゼ》に、御殿《ゴテン》の燈《トモシキ》消え
にけり。
雲の上人《ウエビト》立《タ》ち騒《サワ》ぎ、松明《ショオメイ》と
くと進むれば、玉藻の前が
身《ミ》より、光を放《ハナ》ちて、清涼《セイリョオ》
殿《デンノ》を照《テ》らしければ、光大内《オオウチ》
に充《ミ》ち満《ミ》ちて、画図《グワト》の屏風《ビョオブ》
萩《ハギ》の戸《ト》、闇《ヤミ》の夜《ヨ》の錦《ニシキ》なりし
かど、光に輝《カカヤ》きて、偏《ヒトエ》に月
の如《ゴト》くなり。

シテ〽帝《ミカド》それよりも、御悩《ゴノオ》とな
らせ給《イ》ひしかば、

地〽安倍《アベ》の泰成《ヤスナリ》占《ウラナ》つて、勘状《カンジョオ》

これはまったくもって玉藻の前のしわざです。御治世を危うくしようと、化けて出たものであります。悪魔降伏の祭をせねばなりませんと、奏上したのであっという間に、鳥羽院の御寵愛もすっかり失せ果て、玉藻は化身を本来の姿になし、那須野の原の露と、消えた跡がこれなのである。

5

玄翁と女の問答・中入　玄翁（ワキ）の問いに答え、女（シテ）は自らが殺生石の石魂であると告白する。引導を渡してやろうとの玄翁の言葉に、女は恥じらいつつも立ち上がり、玄翁を見、また夜空を見渡した後に、玄翁に通夜して待つように頼み、身を翻して石の陰に隠れ、石の作り物に中入する。

［掛ケ合］の後半で節になる部分の相違など、節付や文句は流派により小異がある。

玄翁　このように詳しくお語りになる、あなたは一体どういうお方なのか。

に申すやう《ヨオ》、これは偏《ヒトエ》に、玉藻の前が所為《ショヰ》なりや、王《ヲオ》法《ボオ》を傾《カタム》けんと、化生《ケショオ》して来《キタ》りたり、調伏《チョオブク》の祭《マツリ》あるべしと、奏《ソオ》すれば忽《タチマ》ちに、叡慮《エイリョ》も変《カワ》り引きかへ《エ》て、玉藻化《ケ》生《ショオ》を本《モト》の身に、那須野の草《クサ》の露《ツユ》と、消《キ》えし跡《アト》はこれなり。

［掛ケ合］
ワキ〽かやう《ヨオ》に委《クワ》しく語り給ふ《オ》、御身《オンミ》は如何《イカ》なる人やらん

女　もはや何を隠しましょうぞ。鳥羽院の昔は玉藻の前、今は那須野の殺生石の、精霊なのでございます。

玄翁　まことに大いなる悪心というのは、かえって仏道精進の善心と転じるであろう。それでは汝を教え導き仏の法を授けよう。同じことなら本来の姿を、再びお見せなされよ。

女　ああお恥ずかしい。私の真の姿は、昼はあまりにあからさまなのでと言いかけて、

地　一度は立ち帰り夜になって、一度戻って夜になってから、罪業を告白して本当の姿をお目にかけようと言い、夕闇で暗い夜空ながら、今夜は夜をお明かし下さい。私は霊火を燃やして灯と致しましょう。それを私の幻の姿と思し召して、恐れを持たずにお待ち下さいませと言うや、殺生石に隠れて姿を消した。石の陰に姿を隠し消えてしまった。

シテ〽今《イマ》は何《ナニ》をか裹《ツツ》むべき、その古《イニシエ》は玉藻の前、今《イマ》は那須野の殺生石、その石魂《セキコン》にて候なり

ワキ〽げにや余《アマ》りの悪念《アクネン》は《ナ》、却《カエ》つて善心《ゼンシン》となるべし、然《シカ》らば衣《エ》鉢《ハッ》を《ト》授《サヅ》くべし、同じくは本体《ホンタイ》を、二度《フタタビ》現《アラワ》し給ふ《オ》べし

シテ〽あら恥《ハヅ》かしや我が姿、昼《ヒル》は浅間《アサマ》の夕煙《イウケムリ》の

［上ゲ歌］

地〽立《タ》ち帰り夜《ヨ》になりて、立ち帰り夜になりて、懺悔《サンゲ》の姿現《アラワ》さんと、夕闇《イウヤミ》の夜《ヨ》の空《ソラ》なれど、この夜は明《アカ》し燈火《トモシビ》の、我が影《カゲ》なりと思《オボ》し召し、おそれ給は《ワ》で待ち給へ《エ》と、石に隠《カク》れ失《ウ》せにけりや、石に隠れ失せにけり。

6

従者の物語　従者（アイ）は玄翁（ワキ）に問いかけた後、玉藻の前についての自分の見聞を物語り、払子を玄翁に渡して退場する。

7

玄翁の回向《えこう》　玄翁（ワキ）は降霊などの場面で用いる単調な〔ノット〕の囃子と共に起ち上がり、作り物の殺生石に向かって払子を突き言葉を掛け、引導を渡してから、脇座に戻る。

〔ノット〕　小鼓を中心とする単調な調子の囃子の演奏で、神官などの祝詞《のりと》や呪文《じゅもん》が始まることを表す。

玄翁　木石には感情がないとは言われているが、また一方で草木国土《そうもくこくど》、あらゆるものはすべて成仏するのだという教えがあるので、殺生石にも元々

【中入】狂言間語アリ

〔ノット〕

〔□〕

ワキ〽木石《ボクセキ》心《ココロ》なしとは申せども、草木国土《ソオモクコクド》悉皆《シッカイ》成仏《ジョオブツ》と聞《キ》く時は、もとより仏体具足《ブッタイグソク》せり、況《イワ》んや衣鉢《エハット》を授《サズ》く

成仏すべき本質が備わっているのである。ましてや私が教えを授ける以上は、成仏に疑いのあるはずはないと、花を手向《たむ》けて香を焚き、石の面に向かって法事を行う。

玄翁　汝すなわち殺生石よ、その石霊に問う。汝は元々どこから来て、この世でかくの如き悪心となったのか。直ちにこの境涯を抜け出でよ、さあ出て行け。今より後、汝を成仏させ、仏の本質を体し悟りに至る仏心を与えよう。これを受け入れ会得《えとく》せよ。

8

野干《やかん》の登場と玄翁との応対　〔出端《では》〕の囃子と共に、作り物の大石の中で石霊（後シテ）が仏性を得たことを謡うと、石が二つに割れ、中から妖怪の本性である野干の姿ながら、成仏の相をも示す人体を備えて床几《しょうぎ》に座った霊鬼（後シテ）が出現する。玄翁（ワキ）はその有様に驚く。「ノリ地」の「石魂忽ち」は観世のみの異文で諸流

るならば、成仏《ジョオブツ》疑《ウタガイ》ひあるべからずと、花を手向《タム》け焼《ショオ》香《コオ》し、石面《セキメン》に向つて仏事《ブッジ》をなす

〔ノット〕

ワキ〽汝《ナンヂ》元来《グワンライ》殺生石問《ト》ふ《オ》石《セキ》霊《レイ》、何《イヅ》れの所《トコロ》より来り、今《コン》生《ジョオ》かくの如《ゴト》くなる、急々《キウキウ》に去《サ》れ去《サ》れ、自今以後《ジコンニゴ》汝を成仏せしめ、仏体真如《ブッタイシンニョ》の善心《ゼンシン》となさん、摂取《セッシュ》せよ。

すべて「石魂忽ちに」、ワキ謡の「野干の形はありながら」以下が、金春・喜多は「野干の姿（形・喜多）は現れたり」で次の「さも…」以下の一句がなく、すぐにシテ謡となる。その他節の有無など流派ごとに小異がある。

〔出端〕　笛と小鼓・大鼓・太鼓で囃す、テンポの良い登場楽。

野干　石にも仏性となるべき精霊が宿り、

野干　水に流れる音声があり、風は大空を渡って声を揚げ、いずれの自然にも人間同様に仏性は備わっているのだ。

地　今こそ本当の姿を現そうと、石が二つに割れると、石の精霊が忽ちに出現した。その姿の恐ろしさよ。

玄翁　何と不思議な、この石が二つに割れ、そこから光が発しているその中をよく見てみると、野干

〔出端〕

〔□〕

シテ〽石《イシ》に精《セイ》あり。

〔ノリ地〕

シテ〽水《ミヅ》に音《オト》あり、風《カゼ》は大虚《タイキョ》に渡る、

地〽像《カタチ》を今《イマ》ぞ、現《アラワ》す石の、二つに割《ワ》るれば、石魂忽《セキコンタチマ》ち、現《イ》れ出でたり、恐《オソ》ろしや。

〔掛ケ合〕

ワキ〽不思議やなこの石二つに割《ワ》れ、光の中《ウチ》をよく見《ミ》れ

の姿が見えるのだが、いかにも不思議なことに人間の形もしている。

9

野干の物語り・結末まで　野干（後シテ）は自らの来歴を名乗り、日本に渡来して世を乱そうとしたが、調伏されて那須野に隠れ棲んだ次第を、身振りを交えて語り、一畳台から飛び下り舞台を素早く回って常座に立つ。「その後勅使立って」と数拍子を踏んで舞台を大きく回り常座で小回りして玄翁（ワキ）を見て足拍子を踏む。さらに勅命で両介に退治されるまでを表意の所作を交えて縦横に演じ、最後に飛び返って袖を被《かず》き、留《とめ》拍子を踏む。[中ノリ地]の「雲居を」が下掛り諸流は「雲居に」となり、終曲部の「射伏せられて」を観世以外の諸流はすべて「イップセ」と謡うなど、小異がある。

野干　今は何を隠そうか。天竺《てんじく》（インド）においては千人の王の首を供えて祀《まつ》ろうとした班足太子《はんぞくたいし》の塚の神が私であり、中華大唐国においては王后・

ば、野干《ヤカン》の形《カタチ》はありながら、さも不思議なる仁体《ジンタイ》なり

[名ノリグリ]
シテ〽今《イマ》は何《ナニ》をか裹《ツツ》むべき、天《テン》竺《ヂク》にては斑足太子《ハンゾクタイシ》の塚《ツカ》の神《カミ》、大唐《タイトオ》にては幽王《イウヲオ》の后《キサキ》褒《ホオ》

褒姒《ほうじ》となって周の幽王をたぶらかし、わが日本国においては鳥羽院宮中の玉藻の前とは変化したのである。

野干 私は日本国王の御治世を危うくすべく、仮に美しい女性の姿に化け、院のお側近くにお仕えすると、院はたちまち病に冒《おか》された。もはやお命を奪うまでと嬉しく思っていたところが、安倍《あべの》泰成《やすなり》が悪魔を制圧する祭を始めて、壇を築きそこに五色の幣帛《へいはく》を立てて、玉藻にはその御幣《ごへい》を持たせて、一心不乱に祈ったので、

地 すぐに総身が苦しくなって、すぐに体中が苦しくなって、御幣をつかんだまま空中に跳び上がるや、空高く雲の上を飛び翔《かけ》り、海や山を躍り越えて、この那須野に隠れ棲《す》んだのだった。

野干 その後勅使が派遣されて、

地 その後勅使が派遣されて、三浦の介と上総《かずさ》の介の両名に、鳥羽院の命令書が下され、那須野の

姒《ジ》と現《ゲン》じ、我が朝《チョオ》にては鳥《ト》羽《バ》の院《ヰン》の、玉藻の前とはなりたるなり。

[(語リ)]
シテ〽我王法《ワレヲオボオ》を傾《カタム》けんと、仮《カリ》に優女《イウヂョ》の形《カタチ》となり、玉体《ギョクタイ》に近づき奉《タテマツ》れば御悩《ゴノオ》となる、既《スデ》に御命《オンニノチ》を取らんと、喜びをなしし処《トコロ》に、安倍《アベ》の泰成《ヤスナリ》、調伏《チョオブク》の祭《マツリ》を始め、壇《ダン》に五《ゴ》色《シキ》の幣帛《ヘイハク》を立て、玉藻に御《ゴ》幣《ヘイ》を持たせつつ、肝胆《カンタン》を《ノ》砕《クダ》き祈《イノ》りしかば

[中ノリ地]
地〽軈《ヤガ》て五体《ゴタイ》を苦しめて、軈て五体を苦しめて、幣帛《ヘイハク》をつ取り飛ぶ空《ソラ》の、雲居《クモヰ》を翔《カケ》り海山《ウミヤマ》を、越えてこの野《ノ》に隠《カク》れ棲《ス》む。
シテ〽その後勅使《ノチチョクシ》立《タ》つて、
地〽その後勅使立つて、三浦《ミウラ》の介《スケ》、上総《カヅサ》の介《スケ》両人に、綸旨《リンシ》をなされつつ、那須野の化《ケ》

化け物を退治せよとの勅命を承った。そこで野干というのは犬に似ているから、犬で稽古しようと言って、百日間犬を射て訓練したのだが、これが犬追物《いぬおうもの》の起こりであったとか伝えられている。

野干 二人の介は狩猟用の狩装束で、

地 二人の介は狩猟用の狩装束を着用し、数万騎の軍勢で那須野を水も漏らさず取り囲み、草むらに分け入り追い立てた。そこでどうしようもなくなって那須野の原に、現れ出たところを狩人たちに、勢子《せこ》で追い立てられ馬で追い込まれ、足跡をたどられ、射掛けた矢に射伏せられて、即死させられた。こうして那須野の原の露と消えたものの、それでも執心だけはこの野に残って、殺生石となって、人の命を奪うことが多年に及んだ。しかし、今、滅多に遇《あ》うことの出来ぬ仏の御法《みのり》を授けられた以上は、この後悪事をなすことは、決してありませぬとお僧に、石のように固く約束し、約束通りの堅い石となって、

生《シヨオ》の者を、退治《タイヂ》せよとの勅《チヨク》を受《ウ》けて、野干《ヤカン》は犬《イヌ》に似たれば、犬にて稽古《ケイコ》あるべしとて、百日《ヒヤクニチ》犬を射《イ》たりける、これ犬追物《イヌオモノ》の始めとかや。

シテ〽両介《リヨオスケ》は狩装束《カリシヨオゾク》にて、

地〽両介は狩装束にて、数万騎《スマンギ》那須野を取り籠《コ》めて、草を分《ワカ》つて狩りけるに、身《ミ》を何《ナニ》と那須野の原に、現れ出《イ》でしを狩人《カリビト》の、追《オ》っつまくっつさくりにつけて、矢の下《シタ》に射伏《イフ》せられて、即時《ソクジ》に命《イノチ》を徒《イタヅ》らに、那須野の原の露《ツユ》と消《キ》えても、なほ執心《オシウシンナ》はこの野《ノ》に残《ノコ》つて、殺生石となつて、人を取る事多年《コトタネン》なれども、今逢《イマア》ひ難《イガタ》き御法《ミノリ》を受《ウ》けて、この後悪事《ノチアクジ》を致す事《コト》、あるべからずと御《オン》僧に、約束堅《ヤクソクカタ》き石となつて、

鬼神の姿は消えてしまった。

約束堅き石となつて、鬼神《キジン》の姿は失《ウ》せにけり。

〈殺生石〉の舞台

観世流シテ方・河村　晴久

囃子方、地謡が座に着くと、一畳台と石の作り物が運び出される。あまり大道具を使わない能にあって、かなり存在感のある物である。

〔次第《しだい》〕の演奏にのって、玄翁（ワキ）と能力（間狂言）が登場し、都への途次、那須野の原に到着する。すると空を飛ぶ鳥が堕ちてくる。この部分、謡本には記されないが、能力の言葉で示される。そこへ遠くから呼び掛ける里女（前シテ）が現れる。橋掛りは、玄翁と女の距離感を表す。生き物の命を奪う殺生石に近づくなと玉藻の前の故事を語りつつ、どこか怪しい雰囲気をたたえて玄翁に近づく里女。地謡が「那須野の原に立つ石の」（11頁）と謡出すと、周辺の景色は秋の夕べの恐ろしさを感じさせる。

里女は石の前に座ると、玉藻の前の物語を始める。所作はなく、「クリ・サシ・クセ」という定型の謡を連ね、その出生から退治された経緯を語る。そして自らはその玉藻の前の変じた石の精であると名乗り、舞台上で石の中に隠れる。シテはこの作り物の中で、後見二人により装束を着替える。

能力の玉藻の前に関する語りの後、玄翁は石に向かい、払子《ほっす》を振って仏事を行う。すると石の中から声が聞こえ、石が左右に二つに分かれ、その中から石の精（後シテ）が姿を現す。このあと仕方話《しかたばなし》に、安倍晴明に占われ正体が知られたこと、那須野へ隠れたこと、弓矢によって退治されたことなどを語ってゆく。大きな動きを伴い、華やかな所作が伴う。この時、玉藻の前の立場、退治する側の立場、一人で両方の所作を演じる。主体と客体が往き来するのも、能の表現の特色である。

白頭《しろがしら》（はくとう）の小書《こがき》（替の演出）になると、石の作り物を出さず、幕の内が石となる。玄翁は幕に向かって仏事を行い、後シテは幕の中から「石に精あり」と謡い出し、石が割れる代わりに幕が上がり、後シテが走り出す。通常の赤い頭が白くなり、臈長《ろうた》けた、重みを持った石の精となる。

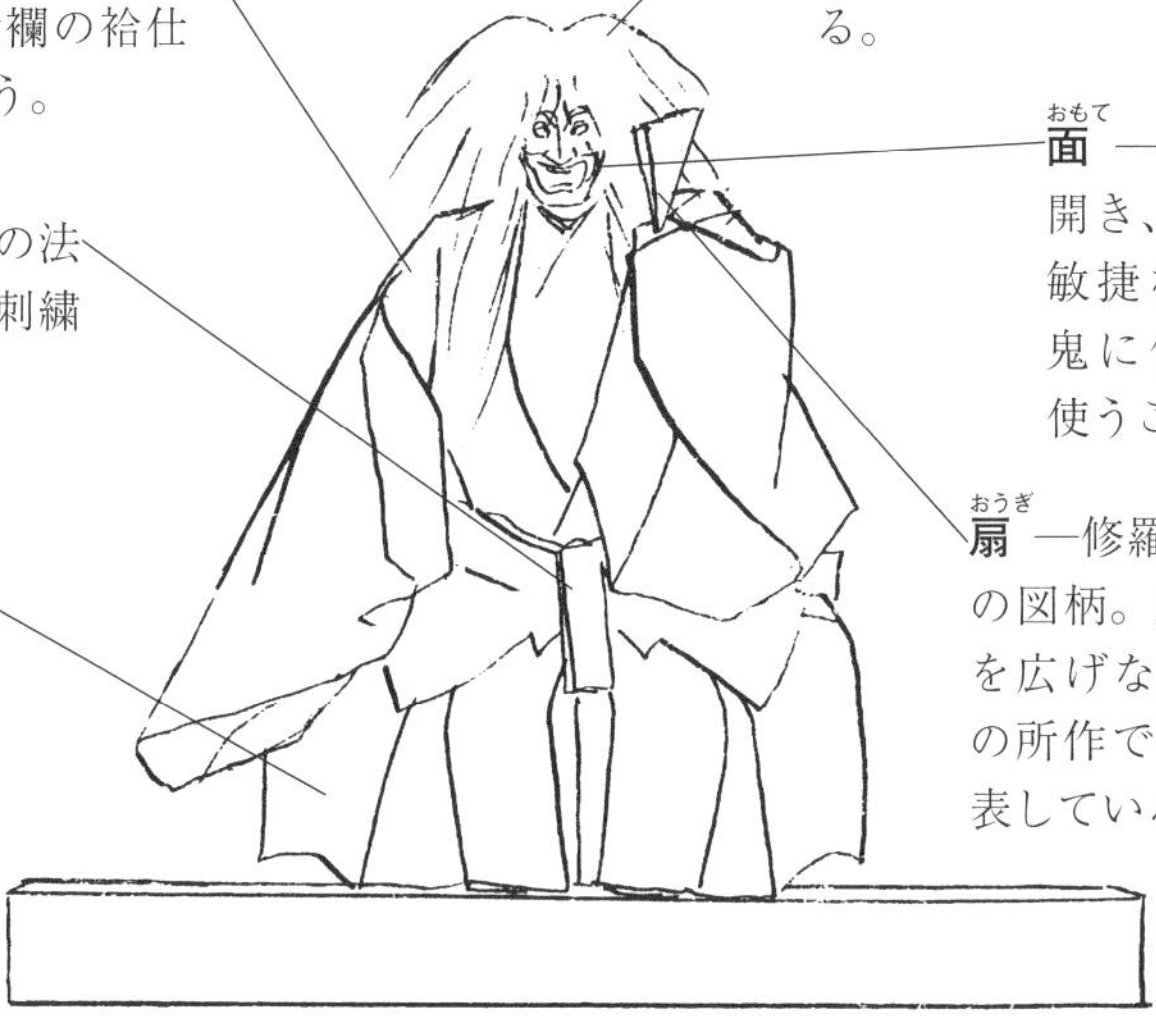

法被《はっぴ》—広幅の上着。法被には袷《あわせ》と単衣《ひとえ》の仕立てがあるが、殺生石のように強いものには金襴の袷仕立てのものを使う。

繍紋腰帯《ぬいもんこしおび》—上着の法被を留める帯。刺繍で模様を表す。

半切《はんぎり》—金襴の生地で仕立てた袴。張りを持たせるため、後ろには畳面《たたみおもて》(莫蓙《ござ》)が入れてある。

赤頭《あかがしら》—赤は外へ発散する力強さを表す。白頭の小書の時は白くなり、年功を積んだ強さとなる。

面《おもて》—小飛出《ことびで》。口を開き、目を見開く。敏捷な動きの神や鬼に使う。野干を使うこともある。

扇《おうぎ》—修羅扇。落日に波の図柄。殺生石では扇を広げないが、この図の所作では扇が御幣を表している。

殺生石《せっしょうせき》—竹で骨組みを作り、紺地の緞子の生地で包み殺生石とする。このような作り物の製作もシテ方の仕事。

一畳台《いちじょうだい》—畳一畳の広さの台。上は毛氈《もうせん》、周りは金襴の生地で覆う。

払子《ほっす》—玄翁の持つ法具。竹竿に竹ヒゴをU字形に通し、その交わるところに白垂を付ける。〈放下僧〉にも使うが、放下僧の払子には団扇《うちわ》が付き、殺生石では団扇を付けない。

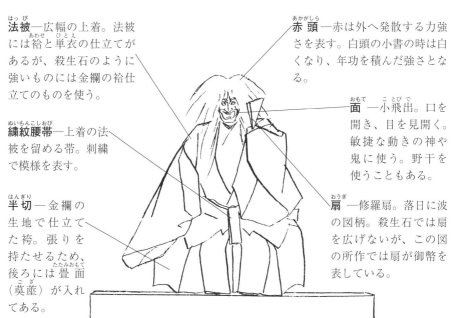

能の豆知識

シテ　能の主役。前場のシテを前シテ、後場を後シテという。

ワキ　シテ（主役）の相手役。脇役のこと。

ツレ　シテやワキに連なって演じる助演的な役。シテに付くものをツレ（シテツレともいう）、ワキに付くものをワキツレという。

間狂言《あいきょうげん》　能の中で狂言方が演じる役。アイともいう。狂言方の主演者をオモアイ、助演者をアドアイとよぶ。

地謡《じうたい》　能・狂言で数人が斉唱する謡。謡本に「地」と書いてある部分。地ともいう。能では舞台右側の地謡座と呼ばれる場所に八人が並び謡う。シテ方が担当する。

後見《こうけん》　舞台の後方に控え、能の進行を見守る役。装束を直したり小道具を受け渡しするなど、演者の世話も行う。

後見座《こうけんざ》　鏡板左奥の位置。後見をつとめるシテ方（普通は二人、重い曲は三人）が並んで座る。

見所《けんしょ》　能の観客及び観客席のこと。舞台正面の席を正面、舞台の左側、橋掛りに近い席を脇正面、その間の席を中正面と呼ぶ。

物着《ものぎ》　能の途中、舞台で衣装を着替えたり、烏帽子などをつけたりすること。後見によって行われる。

中入《なかいり》　前・後半の二場面に構成された能で、前場の終りに登場人物がいったん舞台から退場することをいう。

床几《しょうぎ》　椅子のこと。能では鬘桶《かづらおけ》（鬘を入れる黒漆塗りの桶）を床几にみたてて、その上に座る。

作《つく》り物《もの》　主として竹や布を用いて、演能のつど作る舞台装置。

〈殺生石〉のふる里

殺生石　栃木県那須郡那須町湯本
那須塩原駅、黒磯駅より関東バス、那須湯本温泉バス停下車

かつての那須野の原は栃木県大田原市・那須塩原市・那須郡那須町の2市1町にまたがり、中央を那珂川が流れ、その面積は約7万ヘクタールに及んだ。源頼朝も富士の巻狩直前の遊覧に、ここで巻狩を楽しんでいる。那珂川よりも東、東北本線・新幹線よりは北の山際に二〇二二年に自然に割れてしまったが、殺生石がある。那須与一が扇の的を射るのに祈りを込めた那須湯泉《ゆぜん》大明神、現在の那須温泉神社の北側にあたるガレ場で、今は園地となって遊歩道がめぐらされる。玉藻稲荷神社、玉藻の亡骸を埋めたという狐塚、犬追物発祥の遺跡は那珂川西側で、東北本線・新幹線の南側である。ちなみに遊行柳は犬追物の旧跡よりもさらに東北方向の那須町芦野にある。（竹本幹夫）

お能を習いたい方に

能の謡や舞、笛、鼓に興味をもたれたら、ちょっと習ってみませんか。どなたでも能楽師からレッスンを受けられます。関心のある方は、能楽堂や能楽専門店（檜書店☎03-3291-2488　わんや書店☎03-3263-6771　能楽書林☎03-3264-0846など）に相談すれば能楽師を紹介してくれます。またカルチャーセンターでもそうした講座を開いているところがあります。

■鑑賞に役立つ　能の台本／観世流謡本・金剛流謡本

観世流謡本（大成版）

謡本は能の台詞やメロディー、リズムを記した台本兼楽譜。江戸時代から数々の修正や工夫をかさねて現在の形になった。謡本には他に、作者・作品の背景・節や言葉の解説・舞台鑑賞の手引き・配役・能面や装束附なども掲載されていて、鑑賞のための予備知識を得るにはとても便利。また、一般の人が、能楽師について能の謡や舞を稽古する時の教科書でもある。

曲　目／『殺生石』他、二一〇曲
表　紙／紺地金千鳥
サイズ／半紙判（154×227ミリ）
用　紙／特別に漉いた和紙
製　本／和綴
定　価／各各三〇〇〇円～三三〇〇円（税込）

観世流謡本縮刷版

前記観世流謡本の縮刷版。古くより豆本・小本と呼ばれハンドバックやポケットに入り、携帯に便利であると愛用されている。

曲　目／『殺生石』他、二一六曲
表　紙／紺地千鳥
サイズ／B７判・定価／一五〇〇円（税込）

■檜書店　能・狂言の本

☆現代語で理解する能の世界☆

対訳でたのしむ能シリーズ

【本シリーズの特色】

○流儀を問わず楽しんでいただける内容
○現代語訳と詞章・舞台演能図も掲載
○演者が語る能の見どころや魅力
○装束・能面・扇、曲の旧跡の紹介
○観能のガイド、詞章の理解を深める手引きとして最適

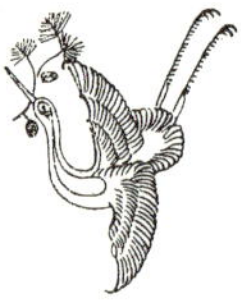

著　竹本幹夫
　　三宅晶子
　　西村　聡　　稿　河村晴久

A5判／二四〜四〇頁
定　価／各七七〇円（税込）

◆既刊

葵上／安宅／安達原／敦盛／海士／井筒／鵜飼／善知鳥／杜若／花月／葛城／鉄輪／通小町／邯鄲／砧／清経／鞍馬天狗／小鍛冶／桜川／俊寛／隅田川／殺生石／千手／卒都婆小町／高砂／土蜘蛛／定家／天鼓／道成寺／融／野宮／羽衣／半蔀／花筐／班女／百万／船弁慶／巻絹／松風／三井寺／三輪／紅葉狩／屋島／熊野／養老／弱法師

◆以下発売予定

賀茂／景清／恋重荷／西行桜／忠度／田村／巴／遊行柳　ほか

まんがで楽しむ能・狂言

文／三浦裕子　漫画／小山賢太郎　監修／増田正造

能・狂言の鑑賞、舞台・装束・能面などの知識、登場人物や物語の紹介、楽屋の様子までをまんがでわかりやすく解説した初心者に恰好の入門書。

A5判・定価一三二〇円（税込）

まんがで楽しむ能の名曲七〇番

文／村　尚也
漫画／よこうちまさかず

〝初心者からマニアまで楽しめる〟

名曲七〇番のストーリーをまんがでわかりやすく紹介。はじめて能をご覧になる方にも恰好のガイドです。能を観る前、観た後で二度楽しめる。巻末に能面クイズ付き。

A5判・定価一三二〇円（税込）

まんがで楽しむ狂言ベスト七〇番

文／村　尚也
漫画／山口啓子

〝エスプリ、ウィット、狂言の本質を味わう〟

舞台を観ていればなんとなくわかった気がする狂言を、まんがで別照射することで、その裏側や側面を覗き、使い慣れた現代語でこそ味わえる爽快感を楽しめます。

A5判・定価一三二〇円（税込）

税率10%の表示価格です